Impressum
Verlag: BABADADA GmbH, Nedderfeld 112 , 22529 Hamburg
Geschäftsführer / Verlagsleitung: Harald Hof
Druck: Books on Demand GmbH, In de Tarpen 42, 22848 Norderstedt

Imprint
Publisher: BABADADA GmbH, Nedderfeld 112 , 22529 Hamburg, Germany
Managing Director / Publishing direction: Harald Hof
Print: Books on Demand GmbH, In de Tarpen 42, 22848 Norderstedt, Germany

skole

Schule

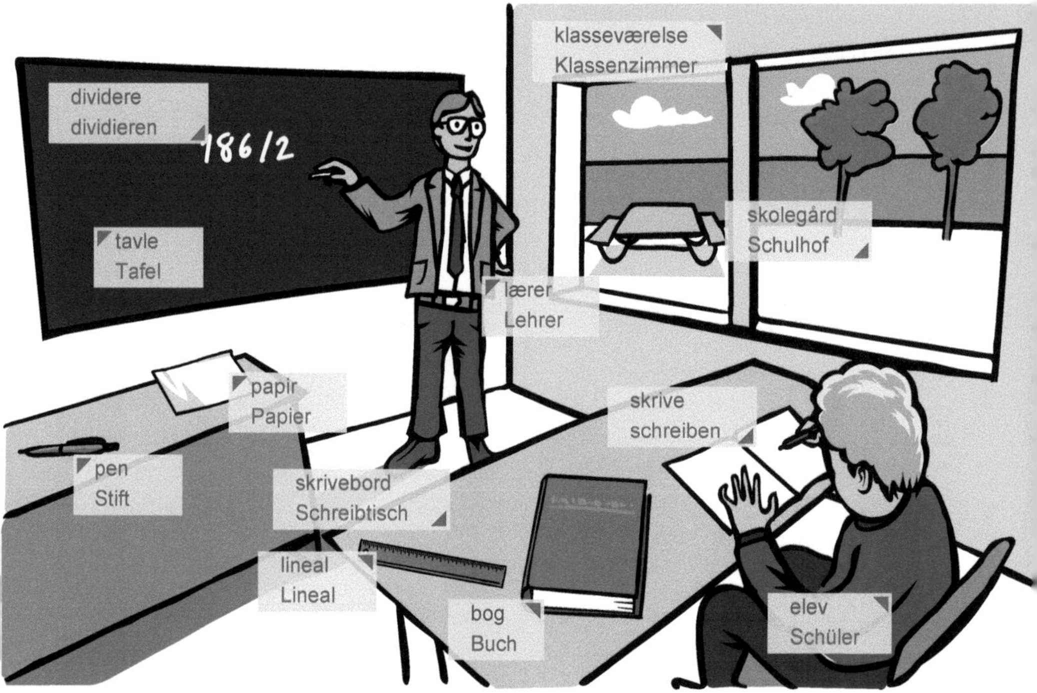
klasseværelse
Klassenzimmer
dividere
dividieren
186/2
tavle
Tafel
skolegård
Schulhof
lærer
Lehrer
papir
Papier
skrive
schreiben
pen
Stift
skrivebord
Schreibtisch
lineal
Lineal
bog
Buch
elev
Schüler

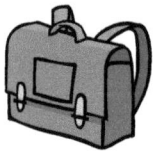

skoletaske

Ranzen

penalhus

Federmappe

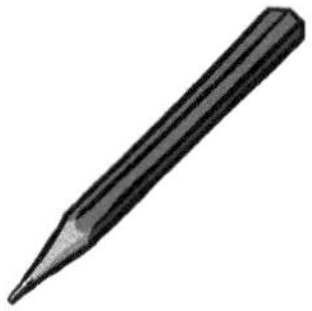

blyant

Bleistift

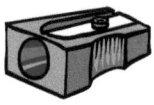

blyantspidser

Bleistiftanspitzer

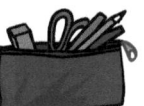

viskelæder

Radiergummi

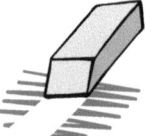

tegneblok

Zeichenblock

tegning

Zeichnung

pensel

Pinsel

æske med vandfarver

Malkasten

saks

Schere

lim

Klebstoff

opgavehefte

Übungsheft

lektie

Hausaufgabe

12

tal

Zahl

2+2

addere

addieren

5-2

subtrahere

subtrahieren

2×2

multiplicere

multiplizieren

regne

rechnen

bogstav

Buchstabe

**ABCDEFG
HIJKLMN
OPQRSTU
VWXYZ**

alfabet

Alphabet

ord

Wort

tekst

Text

læse

lesen

kridt

Kreide

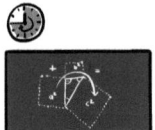

time

Stunde

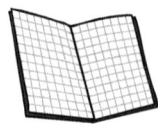

klasseprotokol

Klassenbuch

eksamen

Prüfung

karakterbog

Zeugnis

skoleuniform

Schuluniform

uddannelse

Ausbildung

leksikon

Lexikon

universitet

Universität

mikroskop

Mikroskop

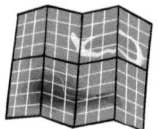

kort

Karte

papirkurv

Papierkorb

skole - Schule

rejse
Reise

hotel
Hotel
Grand
herberg
Herberge
ROOMS
vekselkontor
Wechselstube
EXCHANGE
kuffert
Koffer
bil
Auto

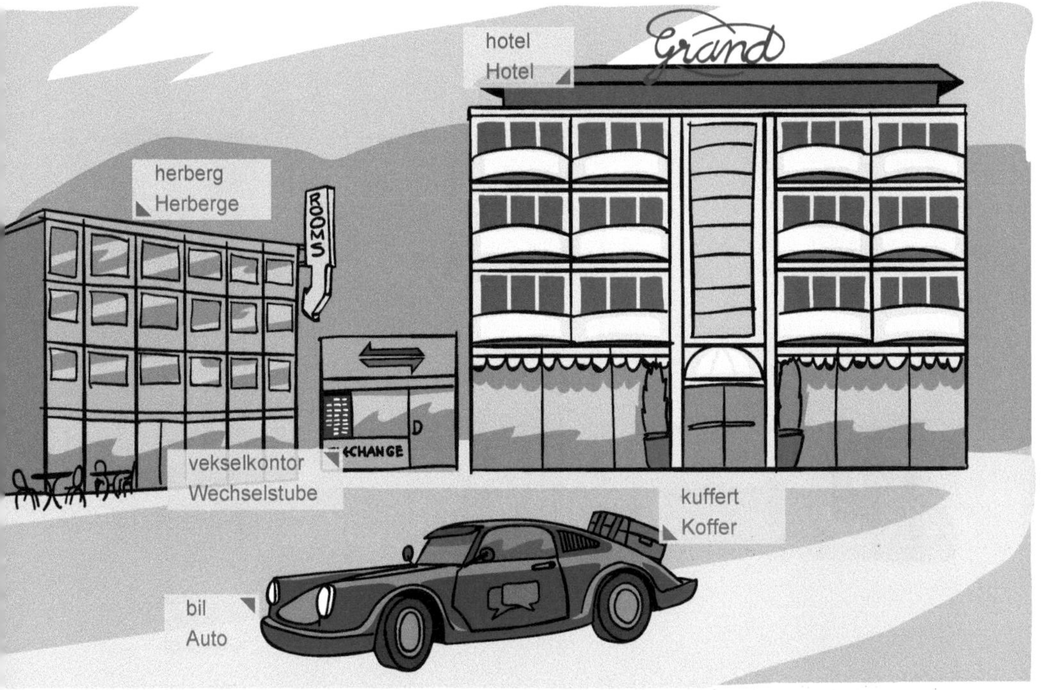

sprog
Sprache

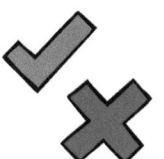

ja / nej
ja / nein

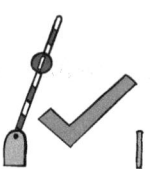

okay
Okay

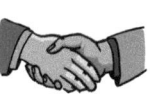

hej
Hallo

oversætter
Übersetzer

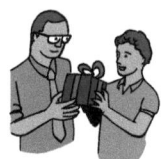

tak
Danke

hvad koster...?

Was kostet...?

Jeg forstår ikke

Ich verstehe nicht

problem

Problem

God aften!

Guten Abend!

God morgen!

Guten Morgen!

God nat!

Gute Nacht!

farvel

Auf Wiedersehen

retning

Richtung

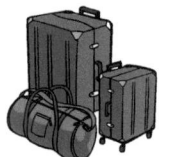

bagage

Gepäck

taske

Tasche

rygsæk

Rucksack

gæst

Gast

værelse

Zimmer

sovepose

Schlafsack

telt

Zelt

turistinformation

Touristeninformation

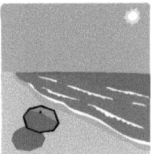

strand

Strand

kreditkort

Kreditkarte

morgenmad

Frühstück

middagsmad

Mittagessen

aftensmad

Abendessen

billet

Fahrkarte

elevator

Fahrstuhl

frimærke

Briefmarke

grænse

Grenze

told

Zoll

ambassade

Botschaft

visum

Visum

pas

Pass

transport

Transport

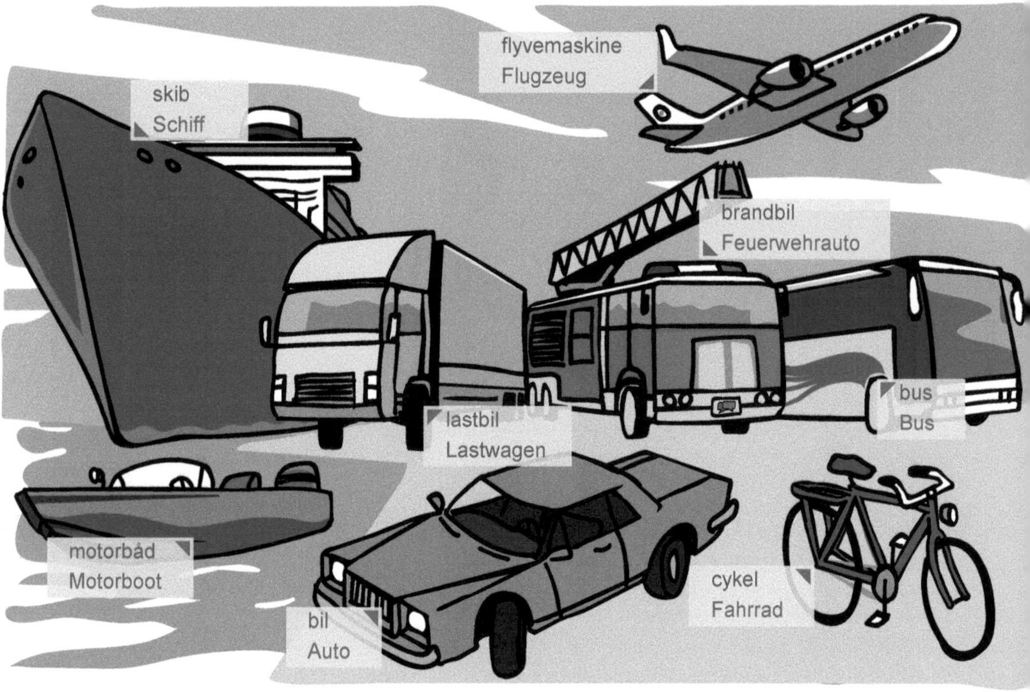

flyvemaskine
Flugzeug
skib
Schiff
brandbil
Feuerwehrauto
lastbil
Lastwagen
bus
Bus
motorbåd
Motorboot
cykel
Fahrrad
bil
Auto

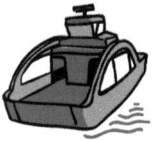

færge

Fähre

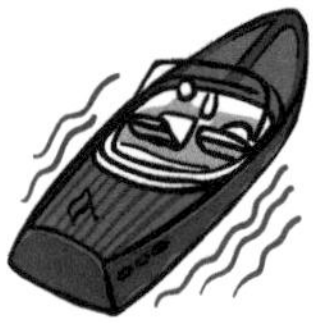

båd

Boot

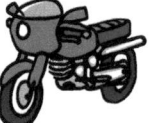

motorcykel

Motorrad

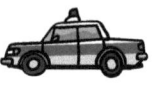

politibil

Polizeiauto

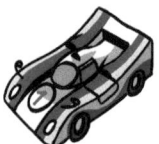

racerbil

Rennauto

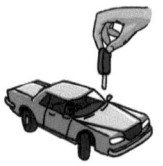

lejebil

Mietwagen

samkørsel

Carsharing

kranbil

Abschleppwagen

skraldebil

Müllauto

motor

Motor

benzin

Kraftstoff

tankstation

Tankstelle

trafikskilt

Verkehrsschild

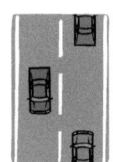

trafik

Verkehr

trafikprop

Stau

parkeringsplads

Parkplatz

banegård

Bahnhof

skinner

Schienen

tog

Zug

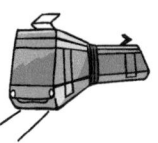

sporvogn

Straßenbahn

wagon

Wagon

helikopter
Helikopter

lufthavn
Flughafen

tårn
Tower

passager
Passagier

container
Container

karton
Karton

kærre
Karren

kurv
Korb

starte / lande
starten / landen

by
Stadt

landsby
Dorf

bymidte
Stadtzentrum

hus
Haus

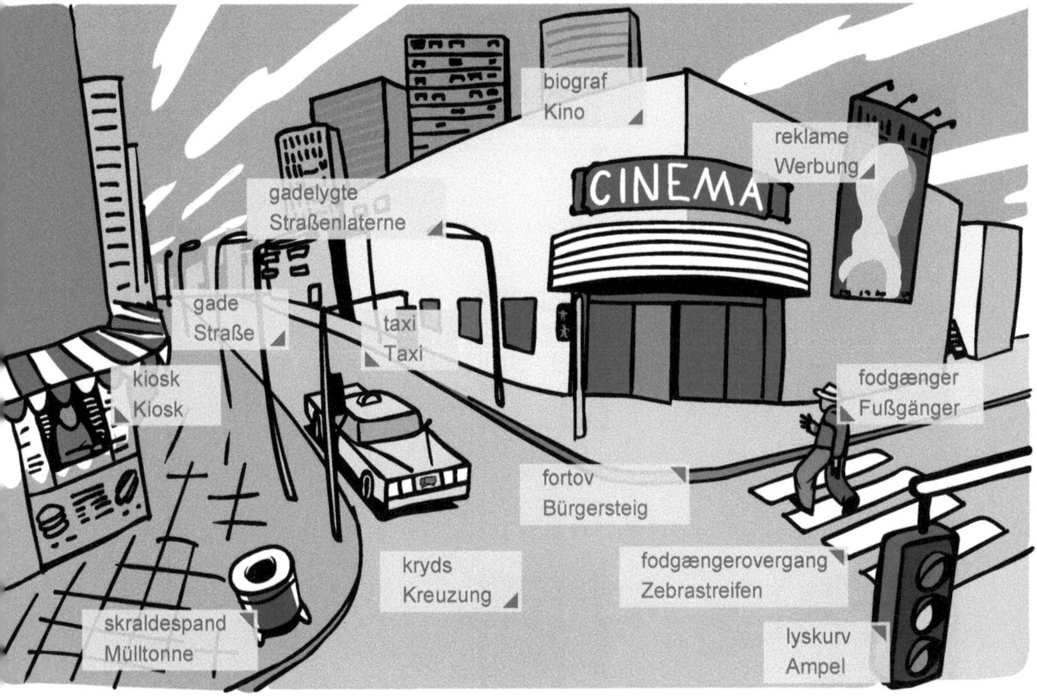

biograf
Kino

reklame
Werbung

gadelygte
Straßenlaterne

CINEMA

gade
Straße

taxi
Taxi

kiosk
Kiosk

fodgænger
Fußgänger

fortov
Bürgersteig

kryds
Kreuzung

fodgængerovergang
Zebrastreifen

skraldespand
Mülltonne

lyskurv
Ampel

hytte

Hütte

lejlighed

Wohnung

banegård

Bahnhof

rådhus

Rathaus

museum

Museum

skole

Schule

universitet

Universität

bank

Bank

sygehus

Krankenhaus

hotel

Hotel

apotek

Apotheke

kontor

Büro

boghandel

Buchhandlung

butik

Geschäft

blomsterbutik

Blumenladen

supermarked

Supermarkt

marked

Markt

stormagasin

Kaufhaus

fiskehandler

Fischhändler

butikscenter

Einkaufszentrum

havn

Hafen

park
Park

bænk
Bank

bro
Brücke

trappe
Treppe

undergrundsbane
U-Bahn

tunnel
Tunnel

busstoppested
Bushaltestelle

barnevogn
Bar

restaurant
Restaurant

postkasse
Briefkasten

vejskilt
Straßenschild

parkometer
Parkuhr

zoo
Zoo

badeanstalt
Badeanstalt

moske
Moschee

bondegård
Bauernhof

miljøforurening
Umweltverschmutzung

kirkegård
Friedhof

kirke
Kirche

legeplads
Spielplatz

tempel
Tempel

landskab
Landschaft

blad
Blatt

vejviser
Wegweiser

vej
Weg

eng
Wiese

sten
Stein

vandrer
Wanderer

træ
Baum

flod
Fluss

græs
Gras

blomst
Blume

dal
....
Tal

bjerg
....
Berg

sø
....
See

skov
....
Wald

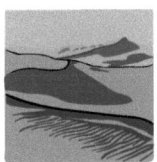

ørken
....
Wüste

vulkan
....
Vulkan

slot
....
Schloss

regnbue
....
Regenbogen

svamp
....
Pilz

palme
....
Palme

moskito
....
Moskito

flue
....
Fliege

myre
....
Ameise

bi
....
Biene

edderkop
....
Spinne

bille

Käfer

frø

Frosch

egern

Eichhörnchen

pindsvin

Igel

hare

Hase

ugle

Eule

fugl

Vogel

svane

Schwan

vildsvin

Wildschwein

hjort

Hirsch

elg

Elch

dæmning

Staudamm

vindmølle

Windrad

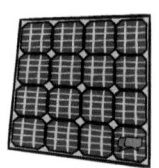

solcellemodul

Solarmodul

klima

Klima

restaurant
Restaurant

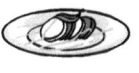

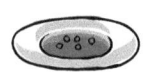

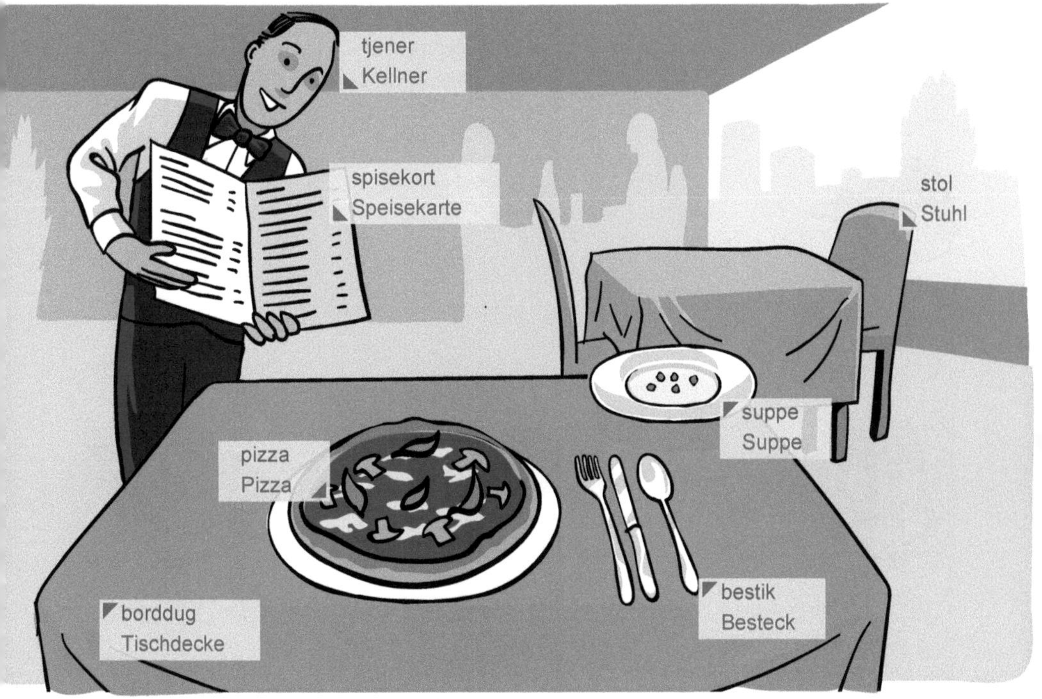

tjener
Kellner
spisekort
Speisekarte
stol
Stuhl
suppe
Suppe
pizza
Pizza
bestik
Besteck
borddug
Tischdecke

forret
Vorspeise

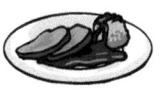

hovedret
Hauptgericht

dessert
Nachspeise

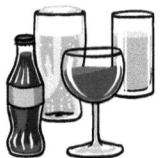

drikkevarer
Getränke

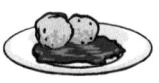

mad
Essen

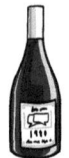

flaske
Flasche

fastfood

Fastfood

streetfood

Streetfood

tekande

Teekanne

sukkerdåse

Zuckerdose

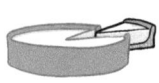

portion

Portion

espressomaskine

Espressomaschine

barnestol

Hochstuhl

faktura

Rechnung

tablet

Tablett

kniv

Messer

gaffel

Gabel

ske

Löffel

teske

Teelöffel

serviet

Serviette

glas

Glas

restaurant - Restaurant

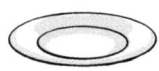

tallerken

Teller

dyb tallerken

Suppenteller

underkop

Untertasse

sovs

Sauce

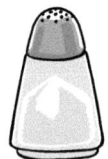

saltbøsse

Salzstreuer

peberkværn

Pfeffermühle

eddike

Essig

olie

Öl

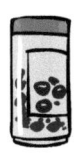

krydderier

Gewürze

ketchup

Ketchup

sennep

Senf

mayonnaise

Mayonnaise

supermarked
Supermarkt

tilbud
Angebot
FOR
kunde
Kunde
mælkeprodukter
Milchprodukte
frugt
Obst
indkøbsvogn
Einkaufswagen

BUTCHERS

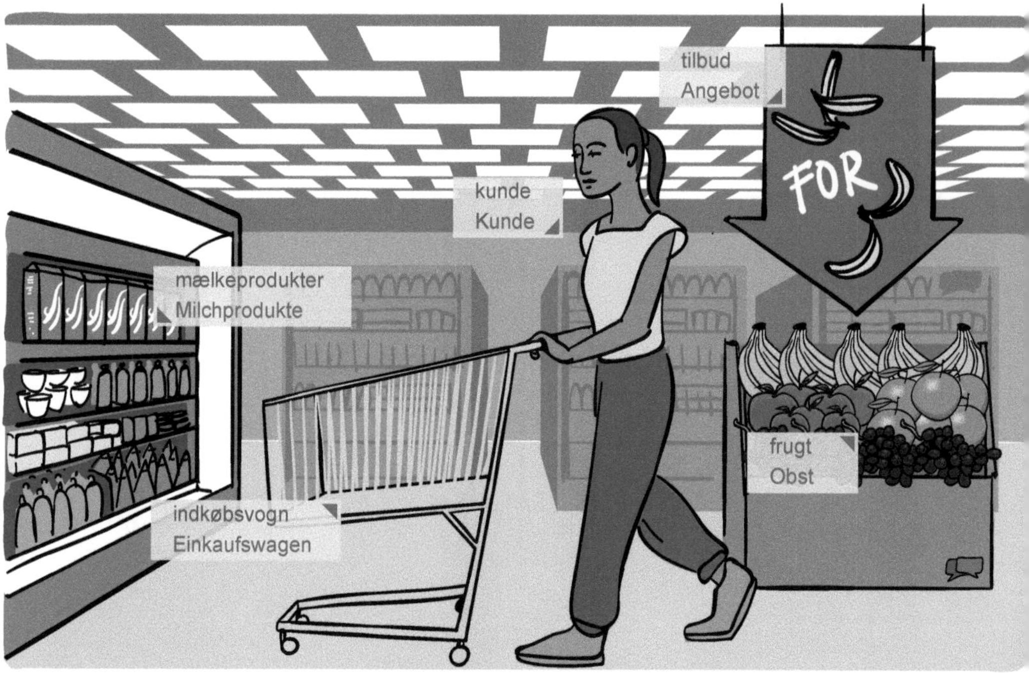

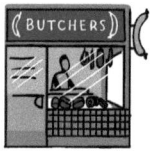

slagter

Schlachterei

BAKERY

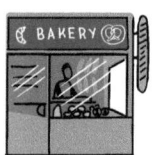

bageri

Bäckerei

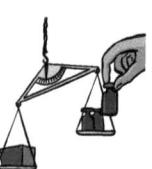

veje

wiegen

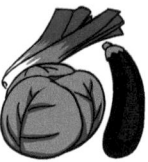

grøntsager

Gemüse

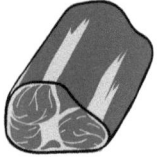

kød

Fleisch

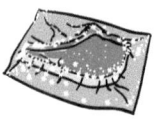

frostvarer

Tiefkühlkost

pålæg
....
Aufschnitt

konserves
....
Konserven

vaskemiddel
....
Waschmittel

slik
....
Süßigkeiten

husholdningsvarer
....
Haushaltsartikel

rengøringsmidler
....
Reinigungsmittel

ekspedient
....
Verkäuferin

kasse
....
Kasse

kasserer
....
Kassierer

indkøbsliste
....
Einkaufsliste

åbningstider
....
Öffnungszeiten

tegnebog
....
Brieftasche

kreditkort
....
Kreditkarte

taske
....
Tasche

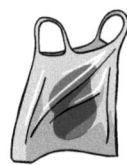

plasticpose
....
Plastiktüte

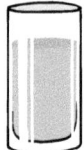

vand

Wasser

saft

Saft

mælk

Milch

cola

Cola

vin

Wein

øl

Bier

alkohol

Alkohol

kakao

Kakao

te

Tee

kaffe

Kaffee

espresso

Espresso

cappuccino

Cappuccino

banan

Banane

æble

Apfel

appelsin

Orange

melon

Melone

citron

Zitrone

gulerod

Karotte

hvidløg

Knoblauch

bambus

Bambus

løg

Zwiebel

svamp

Pilz

nødder

Nüsse

nudler

Nudeln

spaghetti

Spaghetti

ris

Reis

salat

Salat

pomfritter

Pommes frites

stegte kartofler

Bratkartoffeln

pizza

Pizza

hamburger

Hamburger

sandwich

Sandwich

schnitzel

Schnitzel

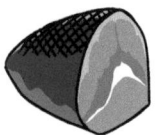

skinke

Schinken

salami

Salami

pølse

Wurst

kylling

Huhn

steg

Braten

fisk

Fisch

havregryn

Haferflocken

mysli

Müsli

cornflakes

Cornflakes

mel

Mehl

croissant

Croissant

rundstykke

Brötchen

brød

Brot

toast

Toast

kiks

Kekse

smør

Butter

kvark

Quark

kage

Kuchen

æg

Ei

spejlæg

Spiegelei

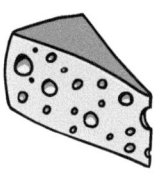

ost

Käse

is
Eiscreme

sukker
Zucker

honning
Honig

marmelade
Marmelade

nougat-creme
Nougat-Creme

karry
Curry

bondegård
Bauernhof

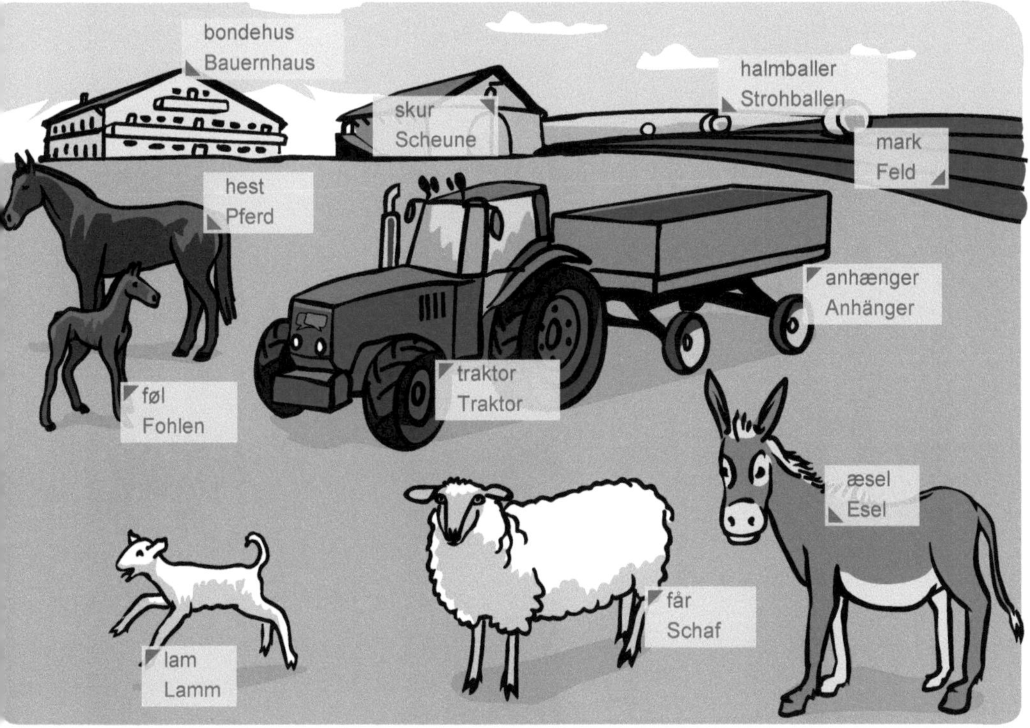
bondehus
Bauernhaus
skur
Scheune
halmballer
Strohballen
mark
Feld
hest
Pferd
anhænger
Anhänger
traktor
Traktor
føl
Fohlen
æsel
Esel
får
Schaf
lam
Lamm

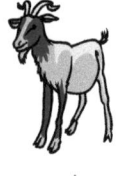

ged

Ziege

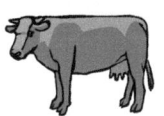

ko

Kuh

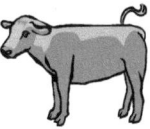

kalv

Kalb

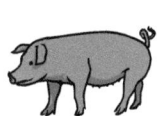

svin

Schwein

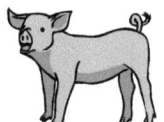

gris

Ferkel

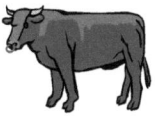

tyr

Bulle

gås

Gans

and

Ente

kylling

Küken

høne

Huhn

hane

Hahn

rotte

Ratte

kat

Katze

mus

Maus

okse

Ochse

hund

Hund

hundehus

Hundehütte

haveslange

Gartenschlauch

vandkande

Gießkanne

le

Sense

plov

Pflug

segl

Sichel

hakkejern

Hacke

møggreb

Mistgabel

økse

Axt

trillebør

Schubkarre

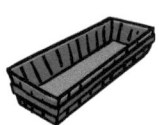

trug

Trog

mælkekande

Milchkanne

sæk

Sack

hæk

Zaun

stald

Stall

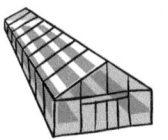

drivhus

Treibhaus

jord

Boden

frø

Saat

gødning

Dünger

mejetærsker

Mähdrescher

bondegård - Bauernhof

høste
ernten

høst
Ernte

yams
Yamswurzel

hvede
Weizen

soja
Soja

kartoffel
Kartoffel

majs
Mais

raps
Raps

frugttræ
Obstbaum

maniok
Maniok

korn
Getreide

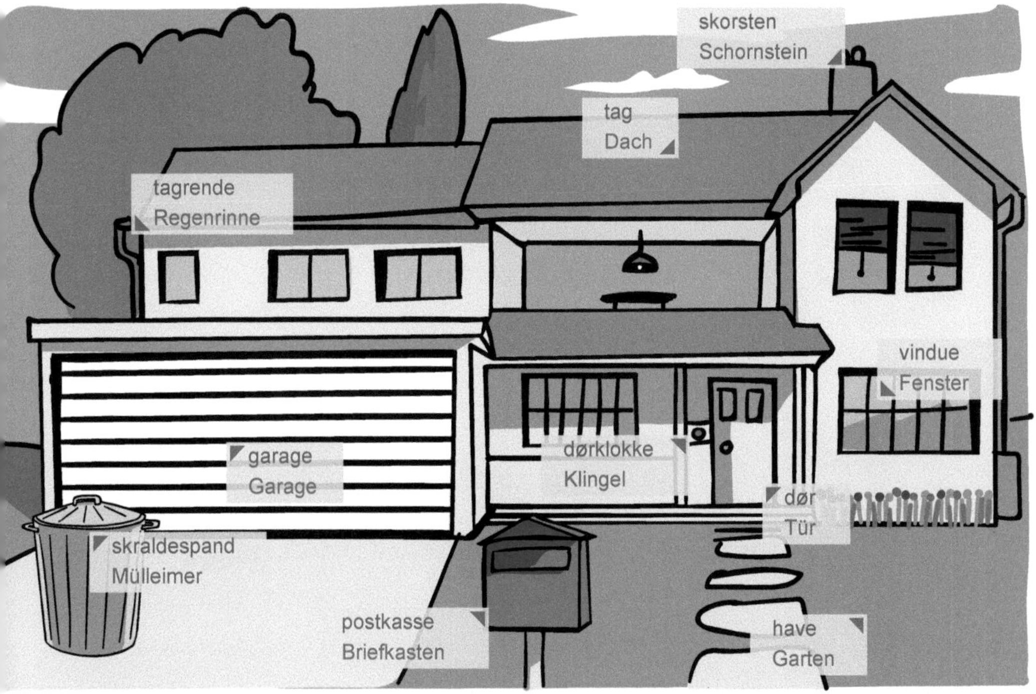

skorsten
Schornstein

tag
Dach

tagrende
Regenrinne

vindue
Fenster

garage
Garage

dørklokke
Klingel

dør
Tür

skraldespand
Mülleimer

postkasse
Briefkasten

have
Garten

stue
....
Wohnzimmer

badeværelse
....
Badezimmer

køkken
....
Küche

soveværelse
....
Schlafzimmer

børneværelse
....
Kinderzimmer

spisestue
....
Esszimmer

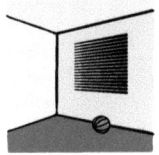

gulv

Boden

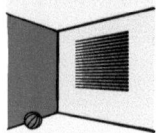

væg

Wand

loft

Decke

kælder

Keller

sauna

Sauna

altan

Balkon

terrasse

Terrasse

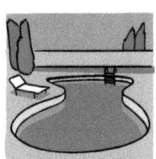

svømmehal

Schwimmbad

plæneklipper

Rasenmäher

dynebetræk

Bettbezug

dyne

Bettdecke

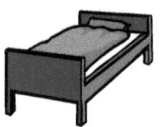

seng

Bett

kost

Besen

spand

Eimer

kontakt

Schalter

stue

Wohnzimmer

tapet
Tapete
billede
Bild
lampe
Lampe
reol
Regal
skab
Schrank
fjernsyn
Fernseher
pejs
Kamin
blomst
Blume
pude
Kissen
sofa
Sofa
vase
Vase
fjernbetjening
Fernbedienung

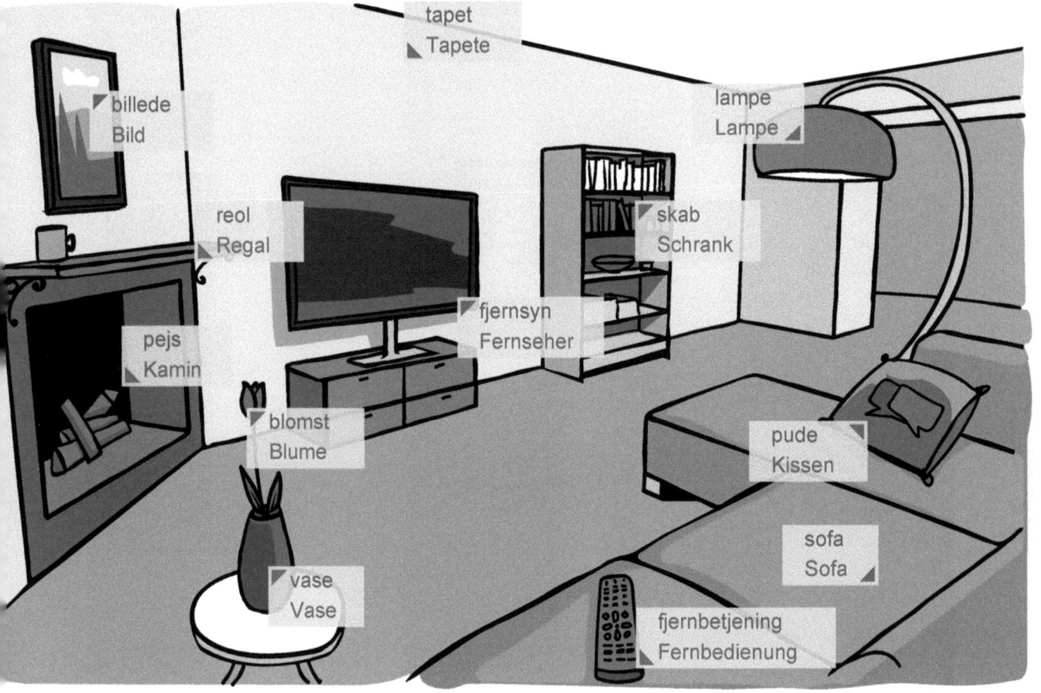

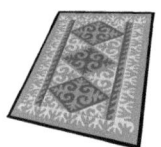

gulvtæppe

Teppich

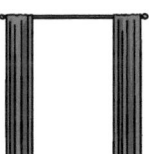

gardin

Vorhang

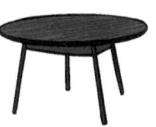

bord

Tisch

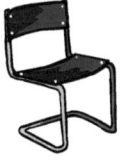

stol

Stuhl

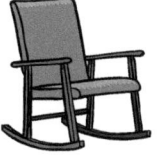

gyngestol

Schaukelstuhl

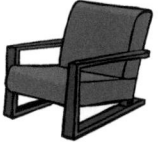

lænestol

Sessel

bog

Buch

tæppe

Decke

dekoration

Dekoration

brænde

Feuerholz

film

Film

stereoanlæg

Stereoanlage

nøgle

Schlüssel

avis

Zeitung

maleri

Gemälde

plakat

Poster

radio

Radio

notesblok

Notizblock

støvsuger

Staubsauger

kaktus

Kaktus

lys

Kerze

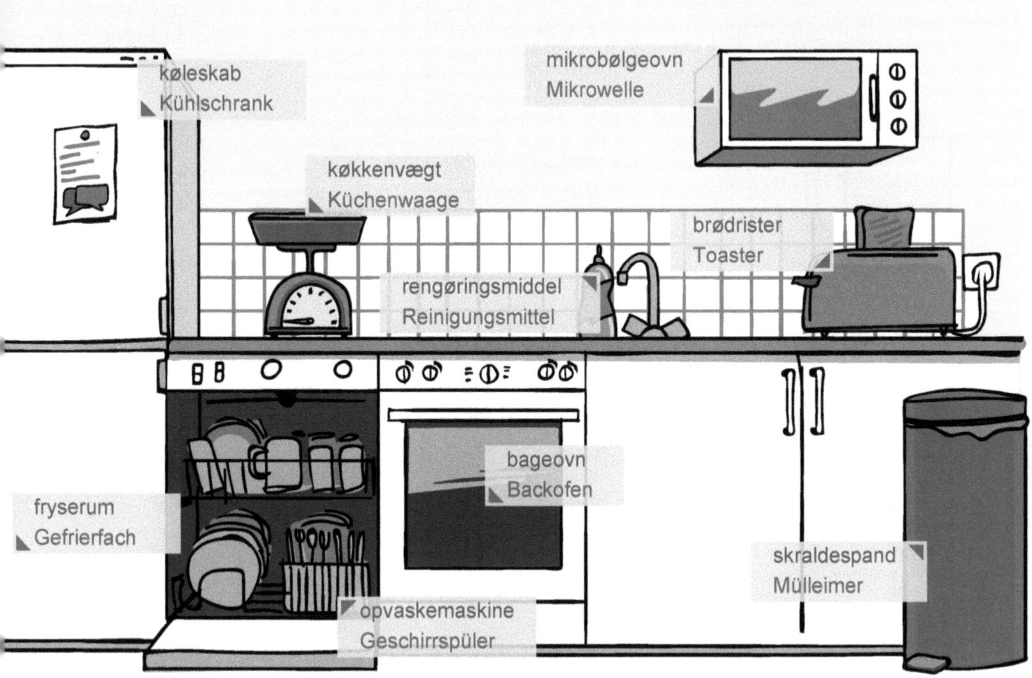

køleskab
Kühlschrank

mikrobølgeovn
Mikrowelle

køkkenvægt
Küchenwaage

brødrister
Toaster

rengøringsmiddel
Reinigungsmittel

bageovn
Backofen

fryserum
Gefrierfach

skraldespand
Mülleimer

opvaskemaskine
Geschirrspüler

komfur

Herd

gryde

Topf

jerngryde

Eisentopf

wok / kadai

Wok / Kadai

pande

Pfanne

elkedel

Wasserkocher

dampkoger

Dampfgarer

bageplade

Backblech

service

Geschirr

bæger

Becher

skål

Schale

spisepinde

Essstäbchen

øseske

Suppenkelle

paletkniv

Pfannenwender

piskeris

Schneebesen

dørslag

Kochsieb

si

Sieb

rive

Reibe

morter

Mörser

grille

Grill

ildsted

Feuerstelle

skærebræt

Schneidebrett

kagerulle

Nudelholz

proptrækker

Korkenzieher

dåse

Dose

dåseåbner

Dosenöffner

grydelap

Topflappen

køkkenvask

Waschbecken

børste

Bürste

svamp

Schwamm

blender

Mixer

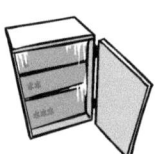

dybfryser

Gefriertruhe

sutteflaske

Babyflasche

vandhane

Wasserhahn

køkken - Küche

badeværelse
Badezimmer

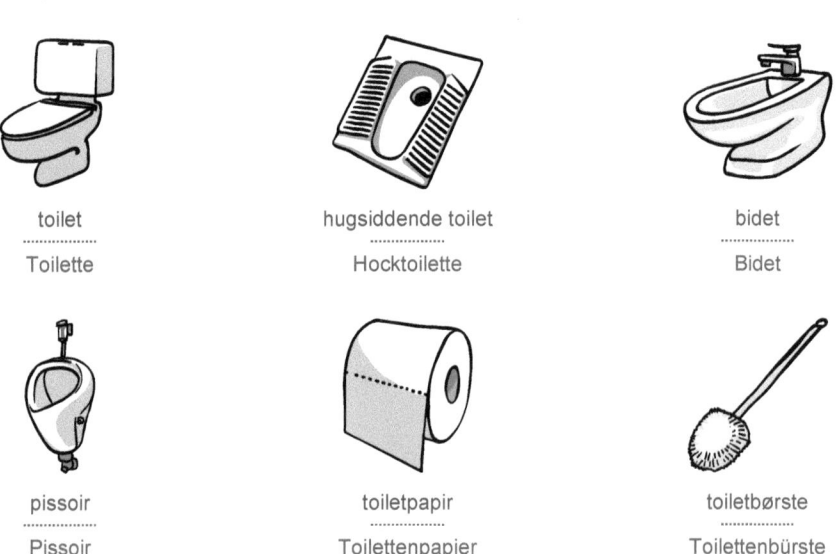

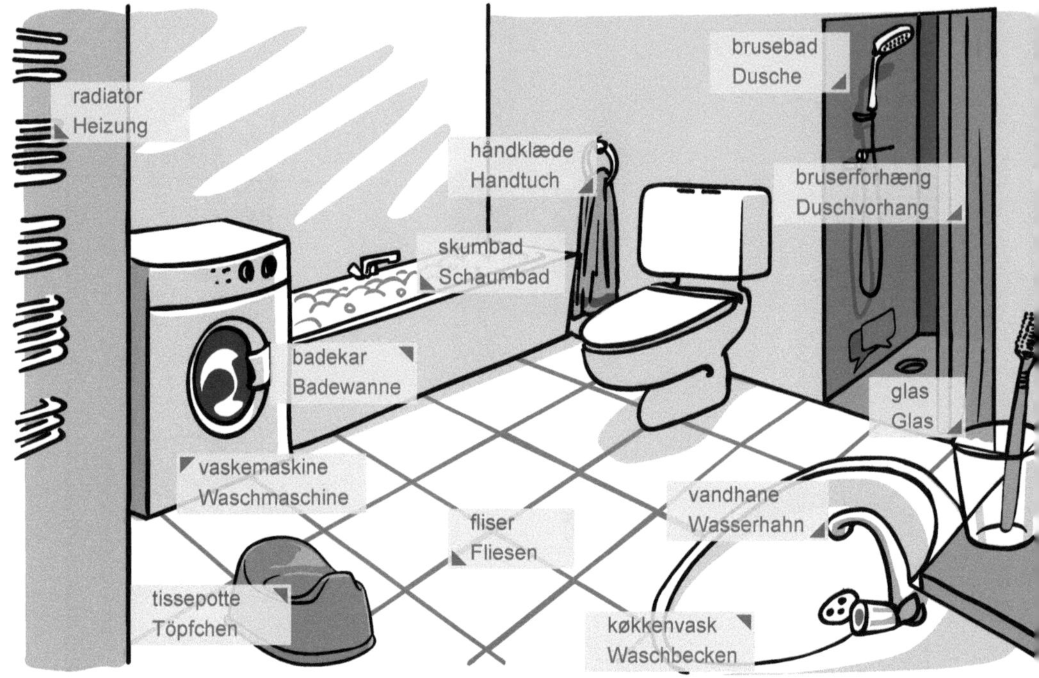
radiator
Heizung
brusebad
Dusche
håndklæde
Handtuch
bruserforhæng
Duschvorhang
skumbad
Schaumbad
badekar
Badewanne
glas
Glas
vaskemaskine
Waschmaschine
vandhane
Wasserhahn
fliser
Fliesen
tissepotte
Töpfchen
køkkenvask
Waschbecken

toilet
Toilette

hugsiddende toilet
Hocktoilette

bidet
Bidet

pissoir
Pissoir

toiletpapir
Toilettenpapier

toiletbørste
Toilettenbürste

tandbørste

Zahnbürste

tandpasta

Zahnpasta

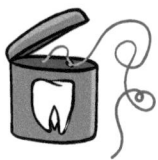

tandtråd

Zahnseide

vaske

waschen

håndbruser

Handbrause

intimbruser

Intimdusche

vaskefad

Waschschüssel

badebørste

Rückenbürste

sæbe

Seife

brusegele

Duschgel

shampoo

Shampoo

vaskeklud

Waschlappen

afløb

Abfluss

creme

Creme

deodorant

Deodorant

spejl

Spiegel

kosmetikspejl

Kosmetikspiegel

barberhøvl

Rasierer

barberskum

Rasierschaum

barbervand

Rasierwasser

kam

Kamm

børste

Bürste

hårtørrer

Föhn

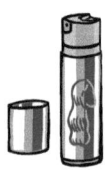

hårspray

Haarspray

makeup

Makeup

læbestift

Lippenstift

neglelak

Nagellack

vat

Watte

neglesaks

Nagelschere

parfume

Parfum

toilettaske

Kulturbeutel

skammel

Hocker

vægt

Waage

badekåbe

Bademantel

gummihandsker

Gummihandschuhe

tampon

Tampon

damebind

Damenbinde

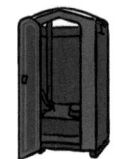

kemisk toilet

Chemietoilette

børneværelse

Kinderzimmer

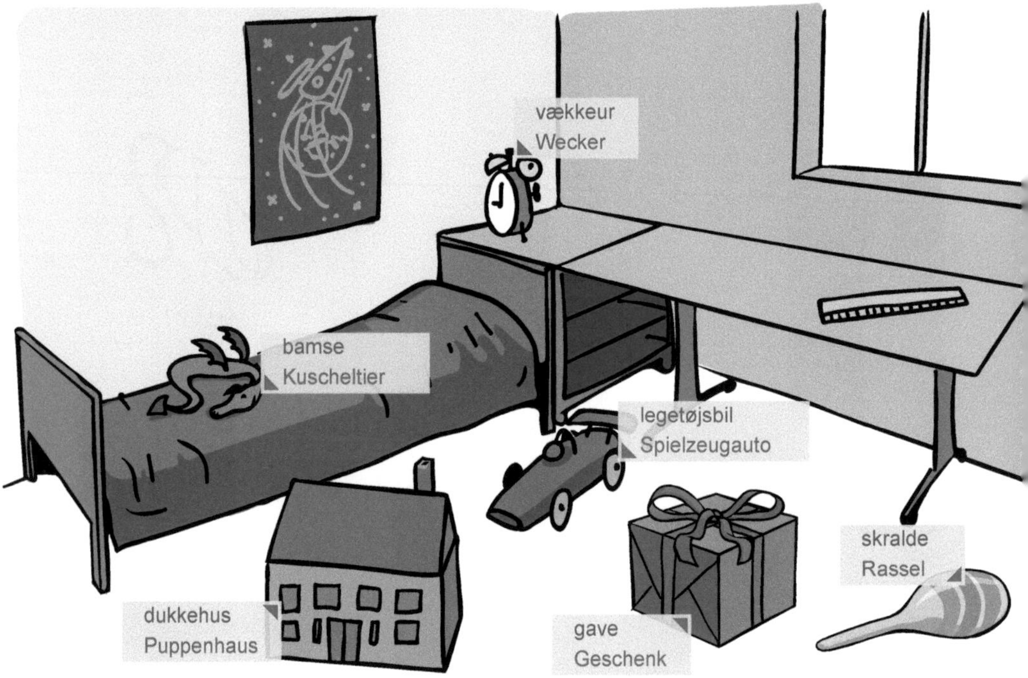
vækkeur
Wecker
bamse
Kuscheltier
legetøjsbil
Spielzeugauto
skralde
Rassel
dukkehus
Puppenhaus
gave
Geschenk

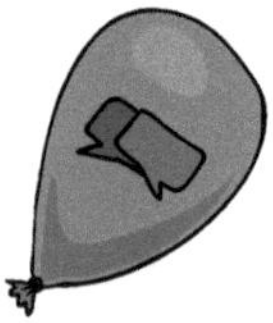

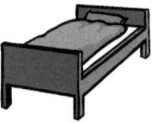

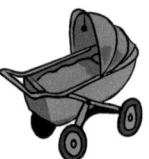

ballon

Ballon

seng

Bett

barnevogn

Kinderwagen

kortspil

Kartenspiel

puslespil

Puzzle

SUPER
MEGA

tegneserie

Comic

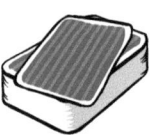

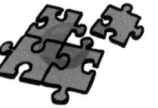

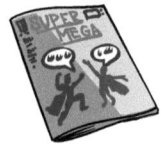

legoklodser

Legosteine

byggeklodser

Bausteine

action figur

Action Figur

sparkedragt

Strampelanzug

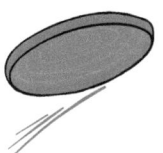

frisbee

Frisbee

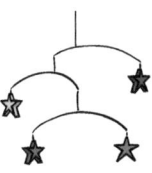

uro

Mobile

brætspil

Brettspiel

terning

Würfel

modeljernbane

Modelleisenbahn

sut

Schnuller

fest

Party

billedbog

Bilderbuch

bold

Ball

dukke

Puppe

lege

spielen

sandkasse

Sandkasten

gynge

Schaukel

legetøj

Spielzeug

spillekonsol

Spielkonsole

trehjulet cykel

Dreirad

bamse

Teddy

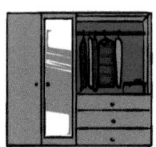

klædeskab

Kleiderschrank

tøj

Kleidung

sokker

Socken

strømper

Strümpfe

strømpebukser

Strumpfhose

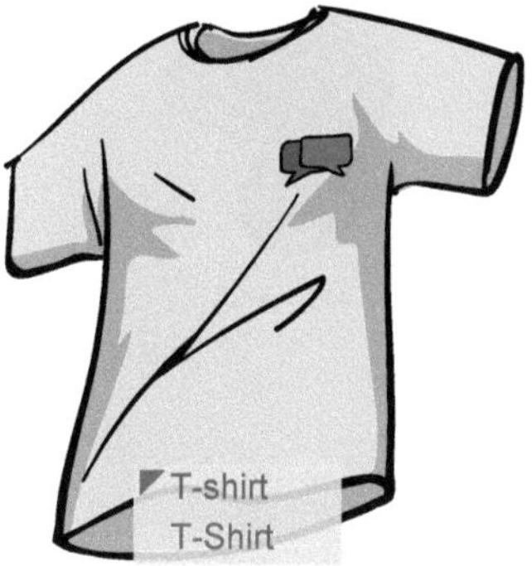

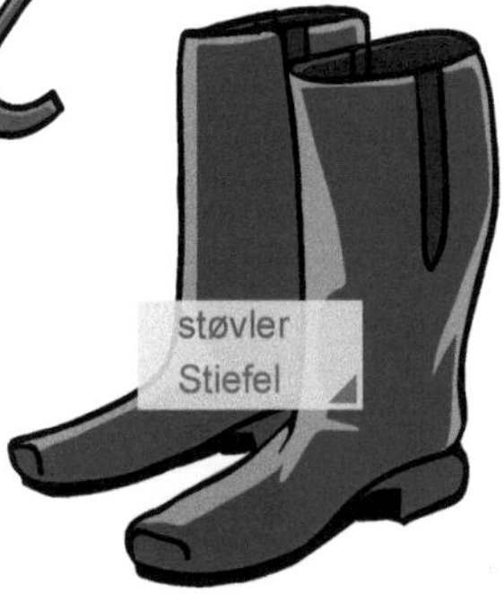

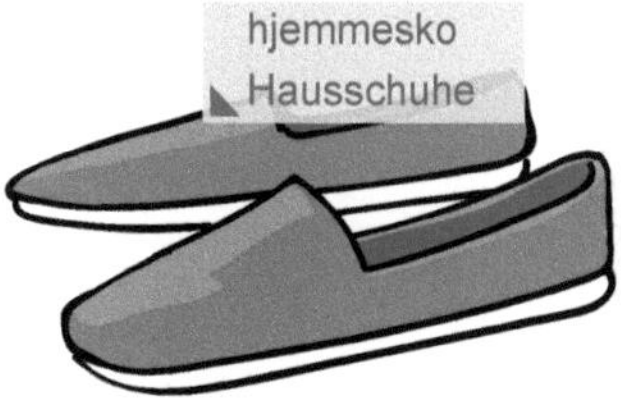

sjal
Schal

bælte
Gürtel

paraply
Regenschirm

T-shirt
T-Shirt

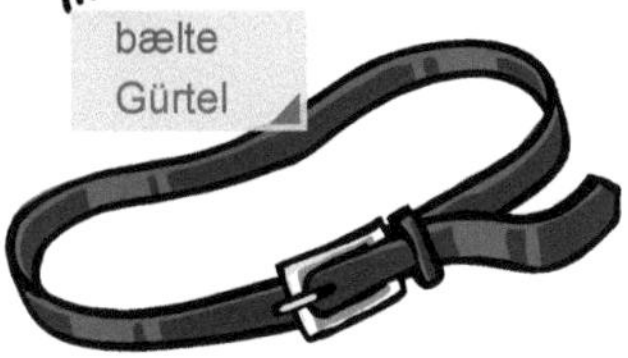

støvler
Stiefel

hjemmesko
Hausschuhe

sneakers
Turnschuhe

sandaler
Sandalen

sko
Schuhe

gummistøvler
Gummistiefel

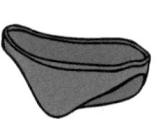

underbukser
Unterhose

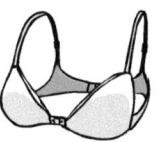

BH
Büstenhalter

undertrøje
Unterhemd

body
Body

bukser
Hose

jeans
Jeans

nederdel
Rock

bluse
Bluse

skjorte
Hemd

pullover
Pullover

sweatshirt
Kapuzenpullover

blazer
Blazer

jakke
Jacke

frakke
Mantel

regnfrakke
Regenmantel

kostume
Kostüm

kjole
Kleid

brudekjole
Hochzeitskleid

jakkesæt

Anzug

nattrøje

Nachthemd

pyjamas

Schlafanzug

sari

Sari

hovedtørklæde

Kopftuch

turban

Turban

burka

Burka

kaftan

Kaftan

abaya

Abaya

badedragt

Badeanzug

badebukser

Badehose

korte bukser

Kurze Hose

træningsdragt

Trainingsanzug

forklæde

Schürze

handsker

Handschuhe

knap

Knopf

briller

Brille

armbånd

Armband

kæde

Halskette

ring

Ring

ørering

Ohrring

hue

Mütze

bøjle

Kleiderbügel

hat

Hut

slips

Krawatte

lynlås

Reißverschluss

hjelm

Helm

seler

Hosenträger

skoleuniform

Schuluniform

uniform

Uniform

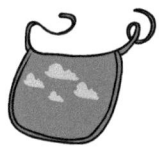

hagesmæk

Lätzchen

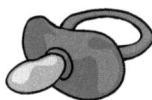

sut

Schnuller

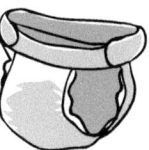

ble

Windel

kontor

Büro

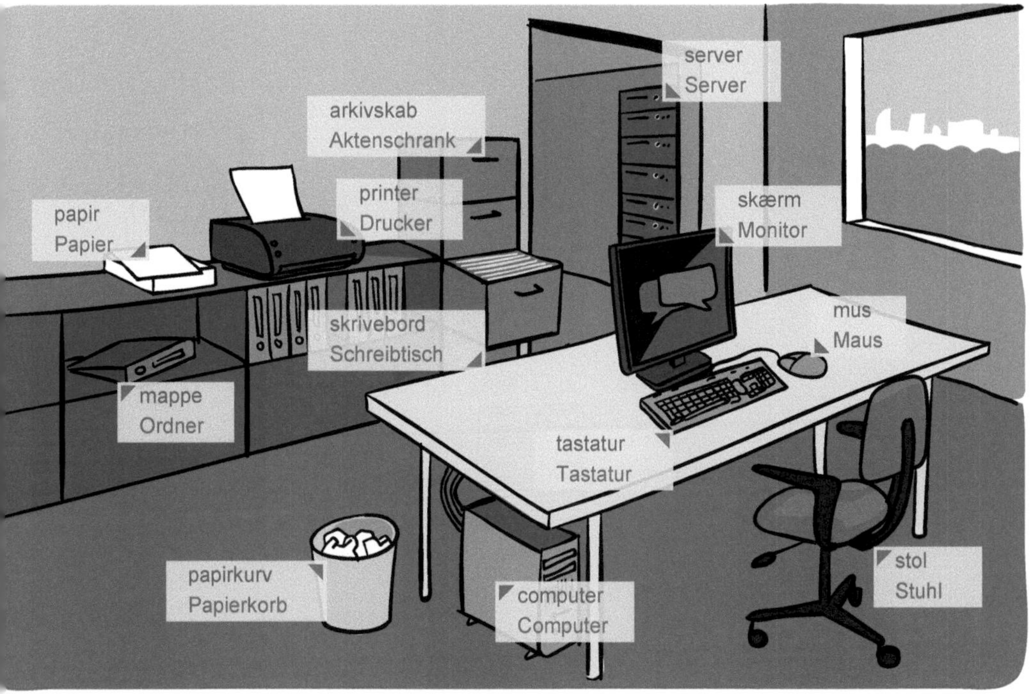
server
Server
arkivskab
Aktenschrank
printer
Drucker
papir
Papier
skærm
Monitor
mus
Maus
skrivebord
Schreibtisch
mappe
Ordner
tastatur
Tastatur
papirkurv
Papierkorb
computer
Computer
stol
Stuhl

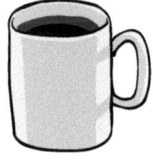

kaffekrus

Kaffeebecher

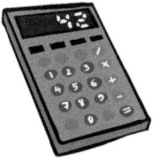

lommeregner

Taschenrechner

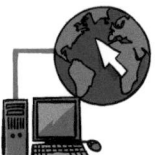

internet

Internet

bærbar

Laptop

brev

Brief

besked

Nachricht

mobil

Handy

netværk

Netzwerk

kopimaskine

Kopierer

software

Software

telefon

Telefon

stikdåse

Steckdose

fax

Fax

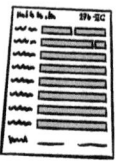

formular

Formular

dokument

Dokument

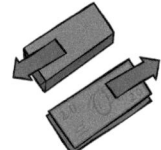

købe

kaufen

betale

bezahlen

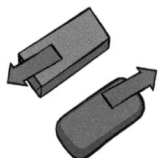

handle

handeln

penge

Geld

USD

dollar

Dollar

EUR

euro

Euro

JPY

yen

Yen

RUB

rubel

Rubel

CHF

schweizerfranc

Franken

CNY

renminbi yuan

Renminbi Yuan

INR

rupee

Rupie

hæveautomat

Geldautomat

vekselkontor

Wechselstube

guld

Gold

sølv

Silber

olie

Öl

energi

Energie

pris

Preis

kontrakt

Vertrag

skat

Steuer

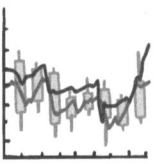

aktie

Aktie

arbejde

arbeiten

ansat

Angestellter

arbejdsgiver

Arbeitgeber

fabrik

Fabrik

butik

Geschäft

erhverv
Berufe

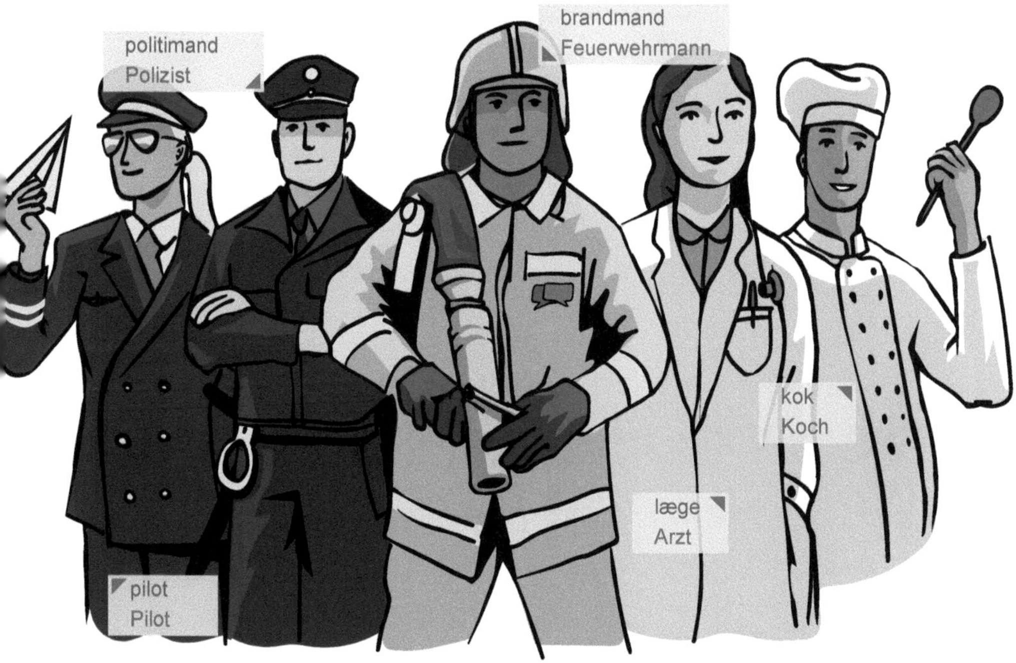
politimand
Polizist
brandmand
Feuerwehrmann
kok
Koch
læge
Arzt
pilot
Pilot

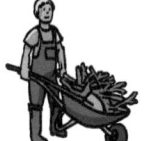

gartner

Gärtner

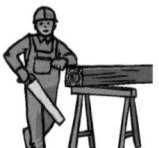

tømrer

Tischler

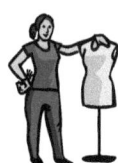

syerske

Näherin

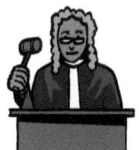

dommer

Richter

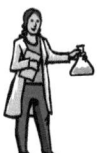

kemiker

Chemiker

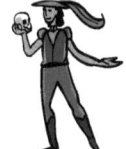

skuespiller

Schauspieler

buschauffør

Busfahrer

taxachauffør

Taxifahrer

fisker

Fischer

rengøringskone

Putzfrau

tagdækker

Dachdecker

tjener

Kellner

jæger

Jäger

maler

Maler

bager

Bäcker

elektriker

Elektriker

bygningsarbejder

Bauarbeiter

ingeniør

Ingenieur

slagter

Schlachter

vvs-mand

Klempner

postbud

Postbote

soldat

Soldat

arkitekt

Architekt

kasserer

Kassierer

blomsterhandler

Florist

frisør

Friseur

togfører

Schaffner

mekaniker

Mechaniker

kaptajn

Kapitän

tandlæge

Zahnarzt

videnskabsmand

Wissenschaftler

rabbiner

Rabbi

imam

Imam

munk

Mönch

præst

Geistlicher

værktøj
Werkzeuge

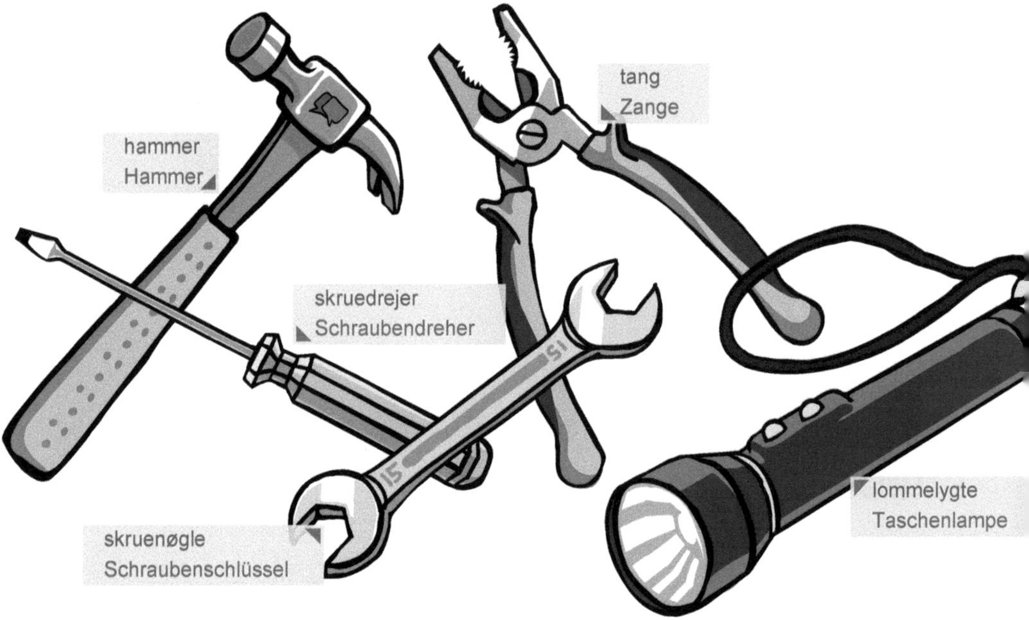

tang
Zange
hammer
Hammer
skruedrejer
Schraubendreher
skruenøgle
Schraubenschlüssel
lommelygte
Taschenlampe

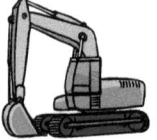

gravemaskine

Bagger

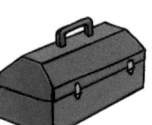

værktøjskasse

Werkzeugkasten

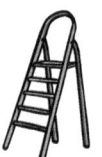

stige

Leiter

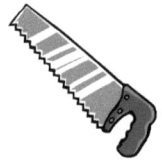

sav

Säge

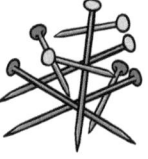

søm

Nägel

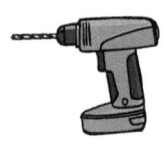

bor

Bohrer

reparere
reparieren

skovl
Schaufel

Lort!
Mist!

fejebakke
Kehrblech

malerspand
Farbtopf

skruer
Schrauben

musikinstrumenter
Musikinstrumente

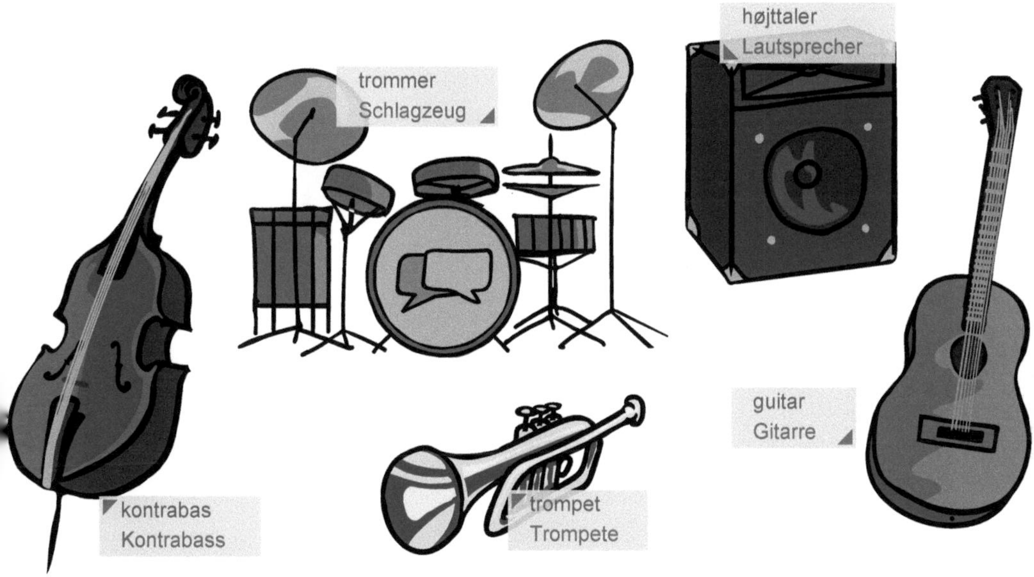

trommer
Schlagzeug

højttaler
Lautsprecher

guitar
Gitarre

kontrabas
Kontrabass

trompet
Trompete

klaver

Klavier

violin

Violine

bas

Bass

pauke

Pauke

tromme

Trommeln

keyboard

Keyboard

saxofon

Saxophon

fløjte

Flöte

mikrofon

Mikrofon

zoo
Zoo

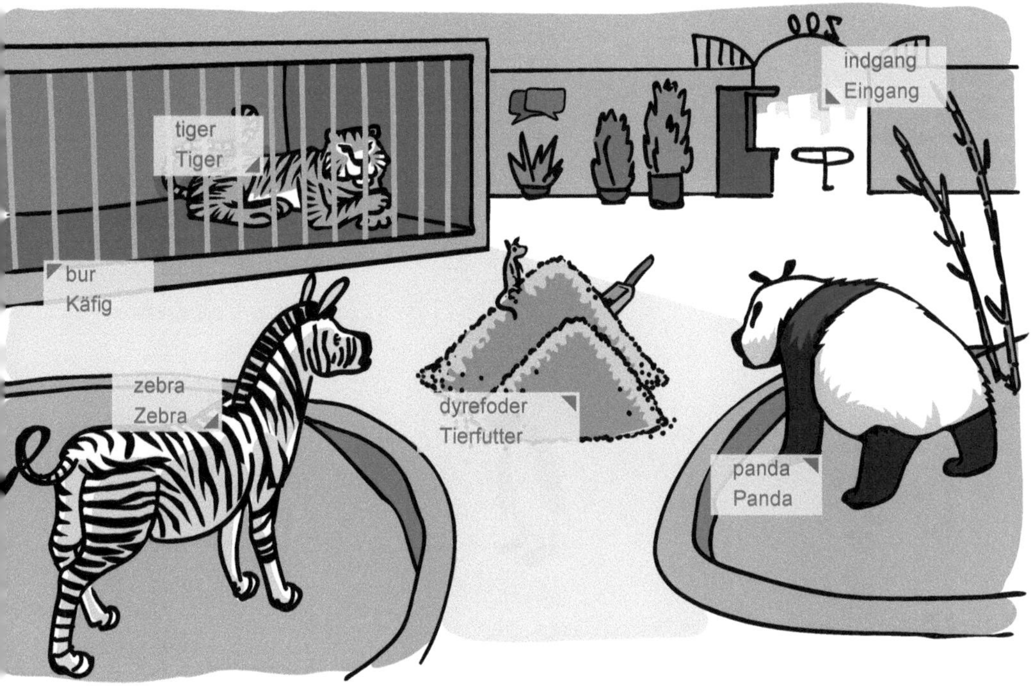

tiger
Tiger
indgang
Eingang
bur
Käfig
zebra
Zebra
dyrefoder
Tierfutter
panda
Panda

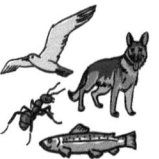

dyr

Tiere

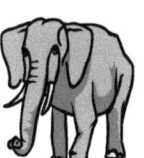

elefant

Elefant

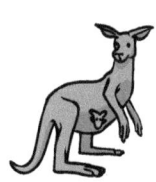

kænguru

Känguru

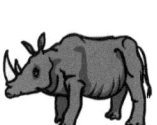

næsehorn

Nashorn

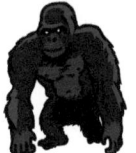

gorilla

Gorilla

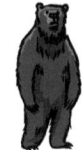

bjørn

Bär

kamel
Kamel

struds
Strauß

løve
Löwe

abe
Affe

flamingo
Flamingo

papegøje
Papagei

isbjørn
Eisbär

pingvin
Pinguin

haj
Hai

påfugl
Pfau

slange
Schlange

krokodille
Krokodil

dyrepasser
Zoowärter

sæl
Robbe

jaguar
Jaguar

zoo - Zoo

pony
Pony

leopard
Leopard

flodhest
Nilpferd

giraf
Giraffe

ørn
Adler

vildsvin
Wildschwein

fisk
Fisch

skildpadde
Schildkröte

hvalros
Walross

ræv
Fuchs

gazelle
Gazelle

amerikansk football
American Football

cykling
Radfahren

tennis
Tennis

basketball
Basketball

svømning
Schwimmen

boksning
Boxen

ishockey
Eishockey

fodbold
Fußball

badminton
Badminton

atletik
Leichtathletik

håndbold
Handball

skiløb
Skilaufen

polo
Polo

springe
springen

give et knus
umarmen

grine
lachen

gå
gehen

synge
singen

drømme
träumen

bede
beten

kysse
küssen

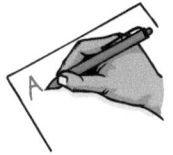

skrive
schreiben

tegne
zeichnen

vise
zeigen

skubbe
drücken

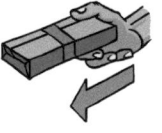

give
geben

tage
nehmen

have
haben

gøre
tun

være
sein

stå
stehen

løbe
laufen

trække
ziehen

kaste
werfen

falde
fallen

ligge
liegen

vente
warten

bære
tragen

sidde
sitzen

tage på
anziehen

sove
schlafen

vågne
aufwachen

aktiviteter - Aktivitäten

se på

ansehen

græde

weinen

ae

streicheln

kæmme

kämmen

tale

reden

forstå

verstehen

spørge

fragen

høre

hören

drikke

trinken

spise

essen

rydde op

aufräumen

elske

lieben

koge

kochen

køre

fahren

flyve

fliegen

sejle
segeln

regne
rechnen

læse
lesen

lære
lernen

arbejde
arbeiten

gifte sig med
heiraten

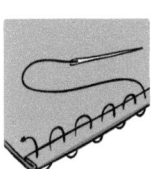

sy
nähen

børste tænder
Zähne putzen

dræbe
töten

ryge
rauchen

sende
senden

familie
Familie

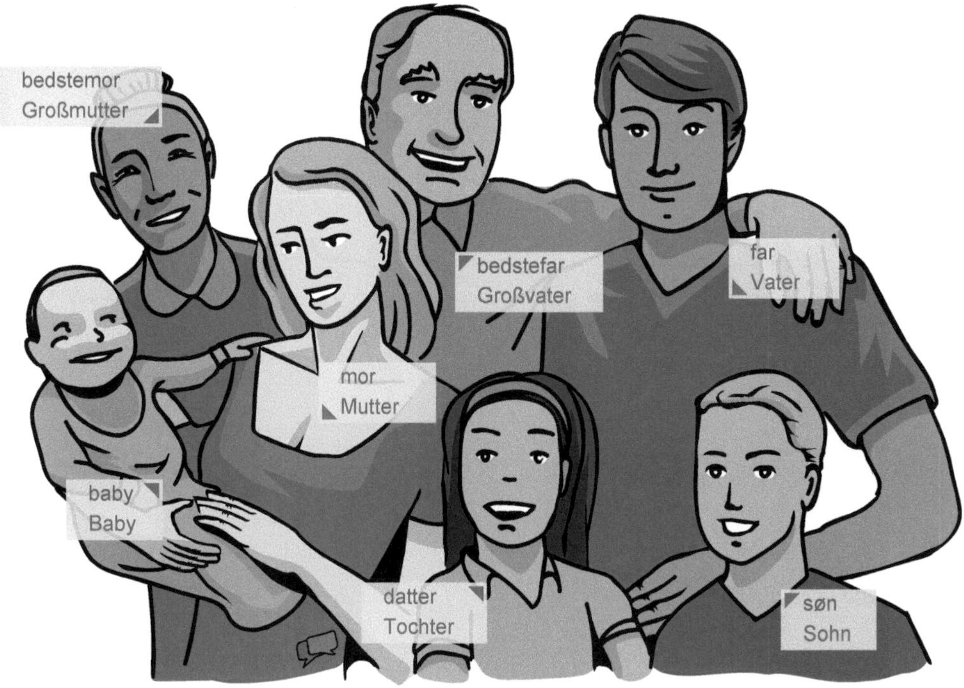
bedstemor
Großmutter
bedstefar
Großvater
far
Vater
mor
Mutter
baby
Baby
datter
Tochter
søn
Sohn

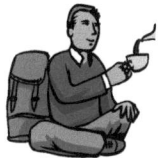

gæst

Gast

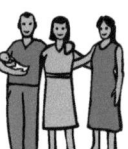

tante

Tante

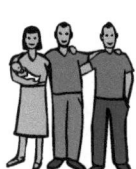

onkel

Onkel

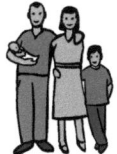

bror

Bruder

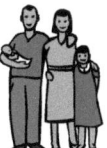

søster

Schwester

krop
Körper

pande
Stirn
øje
Auge
skulder
Schulter
finger
Finger
ansigt
Gesicht
hage
Kinn
hånd
Hand
bryst
Brust
ben
Bein
arm
Arm

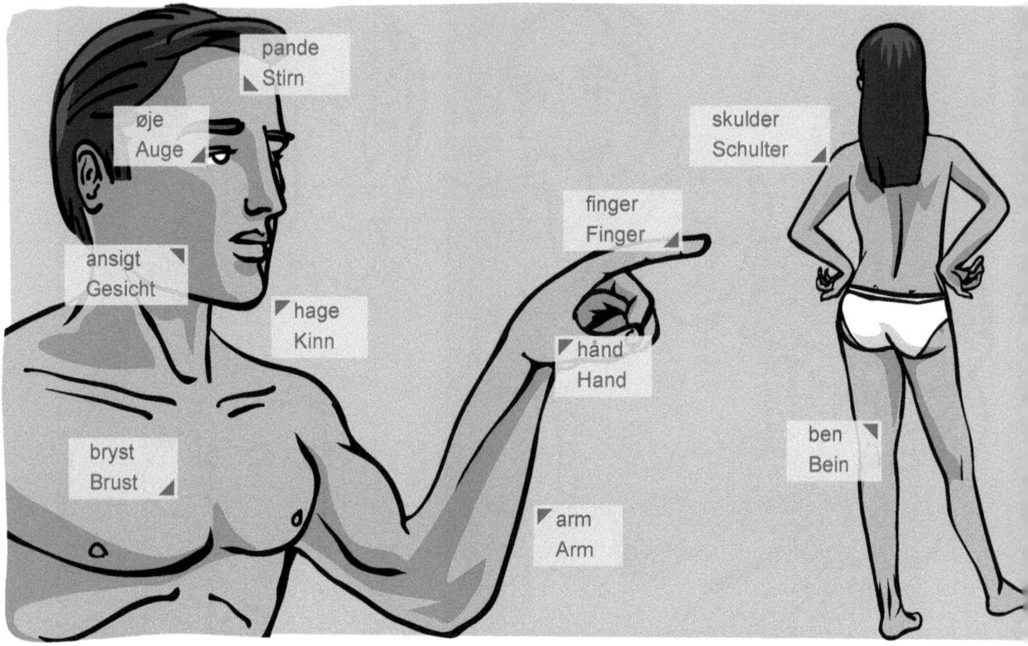

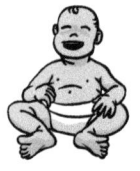

baby

Baby

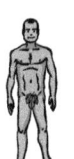

mand

Mann

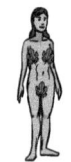

kvinde

Frau

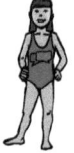

pige

Mädchen

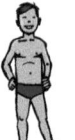

dreng

Junge

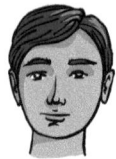

hoved

Kopf

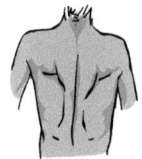

ryg

Rücken

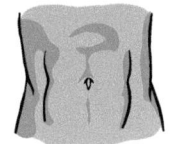

mave

Bauch

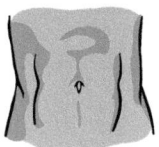

navle

Nabel

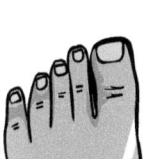

tå

Zeh

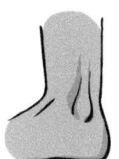

hæl

Ferse

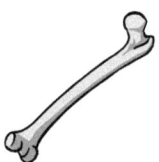

knogle

Knochen

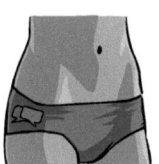

hofte

Hüfte

knæ

Knie

albue

Ellenbogen

næse

Nase

bagdel

Gesäß

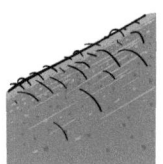

hud

Haut

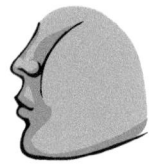

kind

Wange

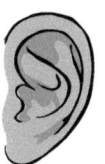

øre

Ohr

læbe

Lippe

mund

Mund

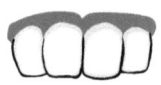

tand

Zahn

tunge

Zunge

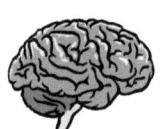

hjerne

Gehirn

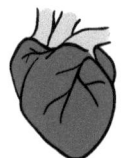

hjerte

Herz

muskel

Muskel

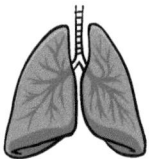

lunge

Lunge

lever

Leber

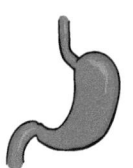

mavesæk

Magen

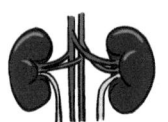

nyrer

Nieren

sex

Geschlechtsverkehr

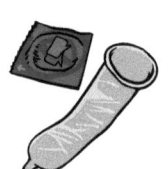

kondom

Kondom

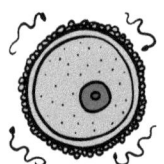

ægcelle

Eizelle

sperm

Sperma

svangerskab

Schwangerschaft

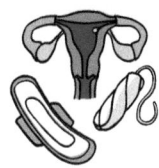

menstruation

Menstruation

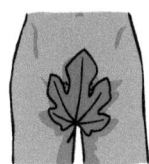

vagina

Vagina

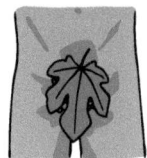

penis

Penis

øjenbryn

Augenbraue

hår

Haar

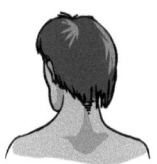

hals

Hals

sygehus
Krankenhaus

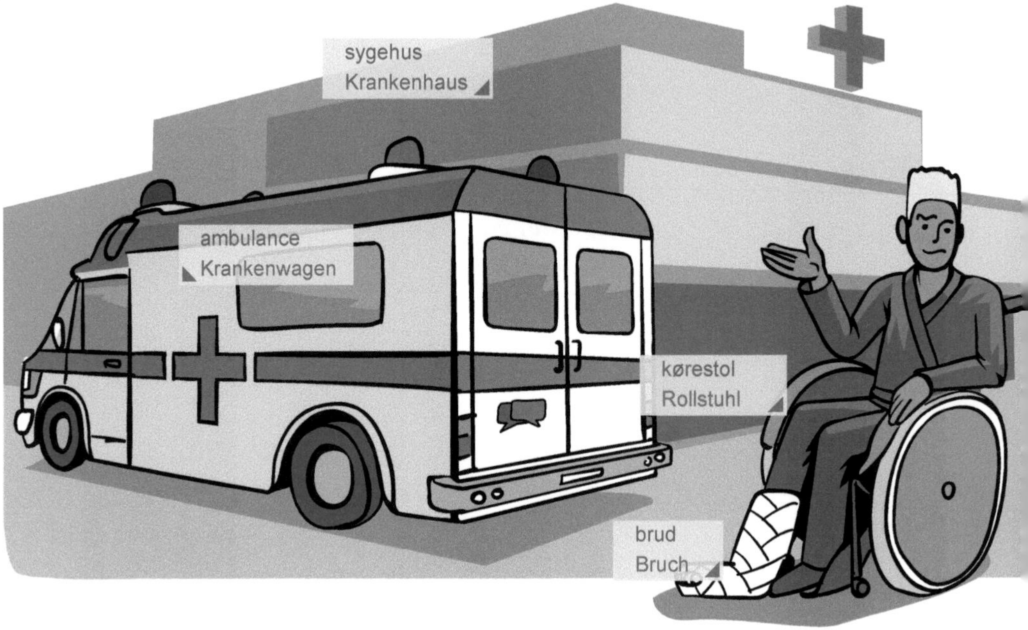

sygehus
Krankenhaus
ambulance
Krankenwagen
kørestol
Rollstuhl
brud
Bruch

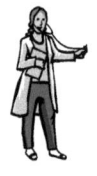

lægeArzt

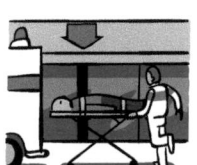

akutmodtagelse
Notaufnahme

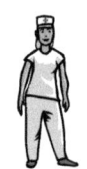

sygeplejerske
Krankenschwester

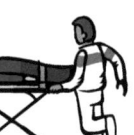

nødstilfælde
Notfall

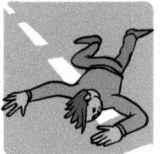

bevidstløs
ohnmächtig

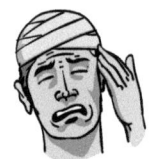

smerte
Schmerz

skade

Verletzung

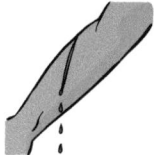

blødning

Blutung

hjerteinfarkt

Herzinfarkt

slagtilfælde

Schlaganfall

allergi

Allergie

hoste

Husten

feber

Fieber

influenza

Grippe

diarré

Durchfall

hovedpine

Kopfschmerzen

kræft

Krebs

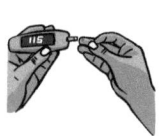

diabetes

Diabetis

kirurg

Chirurg

skalpel

Skalpell

operation

Operation

CT
CT

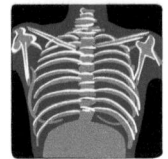

røntgen
Röntgen

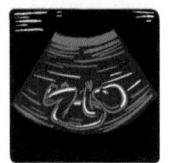

ultralyd
Ultraschall

maske
Maske

sygdom
Krankheit

venteværelse
Wartezimmer

krykke
Krücke

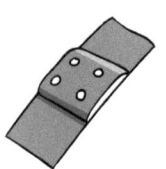

plaster
Pflaster

forbinding
Verband

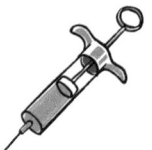

injektion
Injektion

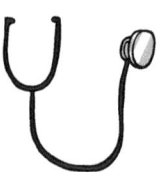

stetoskop
Stethoskop

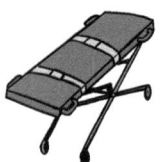

båre
Trage

termometer
Thermometer

fødsel
Geburt

overvægt
Übergewicht

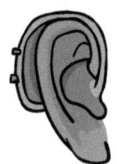

høreapparat

Hörgerät

desinficerende middel

Desinfektionsmittel

infektion

Infektion

virus

Virus

HIV / AIDS

HIV / AIDS

medicin

Medizin

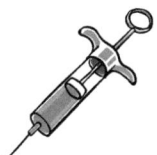

vaccination

Impfung

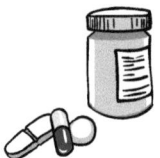

tabletter

Tabletten

pille

Pille

nødopkald

Notruf

blodtryksmåler

Blutdruck-Messgerät

syg / rask

krank / gesund

Hjælp!

Hilfe!

alarm

Alarm

overfald

Überfall

angreb

Angriff

fare

Gefahr

nødudgang

Notausgang

Det brænder!

Feuer!

ildslukker

Feuerlöscher

uheld

Unfall

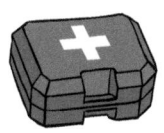

førstehjælps-kuffert

Erste-Hilfe-Koffer

SOS

SOS

politi

Polizei

Europa

Europa

Nordamerika

Nordamerika

Sydamerika

Südamerika

Afrika

Afrika

Asien

Asien

Australien

Australien

Atlanterhavet

Atlantik

Stillehavet

Pazifik

Indiske Ocean

Indischer Ozean

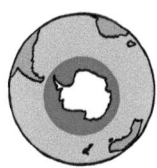

Sydlige Ishav

Antarktischer Ozean

Ishav

Arktischer Ozean

Nordpol

Nordpol

Sydpol

Südpol

Antarktis

Antarktis

Jorden

Erde

land

Land

hav

Meer

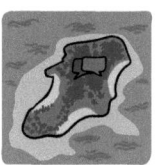

ø

Insel

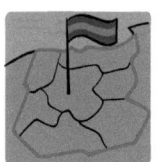

nation

Nation

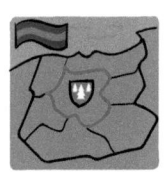

stat

Staat

urskive

Zifferblatt

timeviser

Stundenzeiger

minutviser

Minutenzeiger

sekundviser

Sekundenzeiger

Hvad er klokken?

Wie spät ist es?

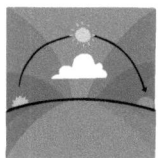

dag

Tag

tid

Zeit

nu

jetzt

digitalur

Digitaluhr

minut

Minute

time

Stunde

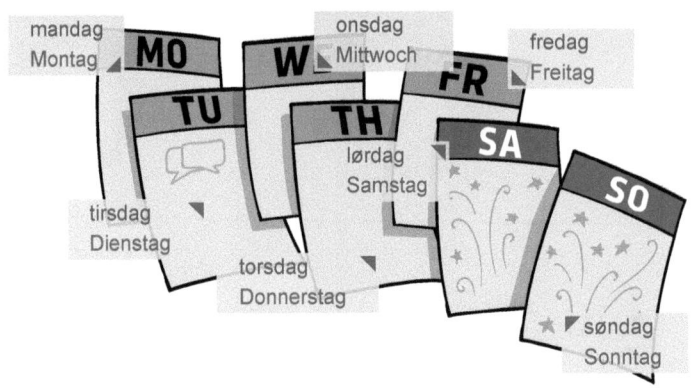

mandag
Montag

onsdag
Mittwoch

fredag
Freitag

tirsdag
Dienstag

torsdag
Donnerstag

lørdag
Samstag

søndag
Sonntag

i går

gestern

i dag

heute

i morgen

morgen

morgen

Morgen

middag

Mittag

aften

Abend

MO	TU	WE	TH	FR	SA	SU
1	2	3	4	5	6	7
8	9	10	11	12	13	14
15	16	17	18	19	20	21
22	23	24	25	26	27	28
29	30	31	1	2	3	4

arbejdsdage

Arbeitstage

MO	TU	WE	TH	FR	SA	SU
1	2	3	4	5	6	7
8	9	10	11	12	13	14
15	16	17	18	19	20	21
22	23	24	25	26	27	28
29	30	31	1	2	3	4

weekend

Wochenende

år
Jahr

regn
Regen
regnbue
Regenbogen
vind
Wind
sne
Schnee
forår
Frühling
sommer
Sommer
efterår
Herbst
vinter
Winter

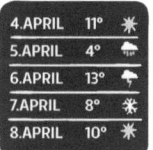

4.APRIL 11°
5.APRIL 4°
6.APRIL 13°
7.APRIL 8°
8.APRIL 10°

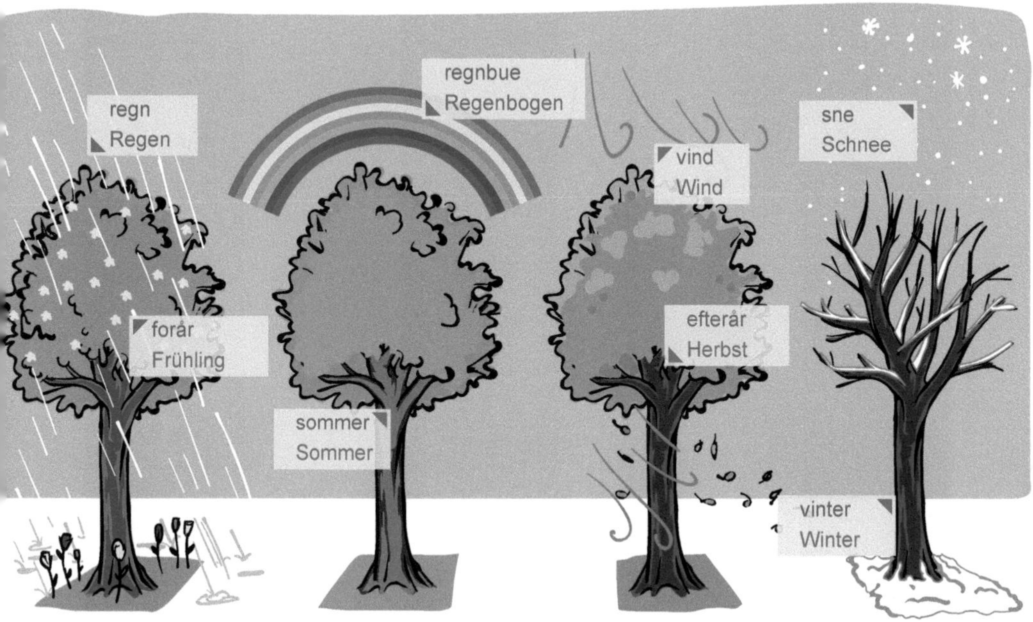

vejrudsigt

Wettervorhersage

F C
120 40
90 30
60 20
30 10
0 0
-30 -10
-20

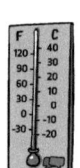

termometer

Thermometer

solskin

Sonnenschein

sky

Wolke

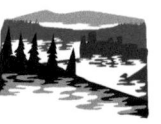

tåge

Nebel

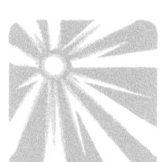

luftfugtighed

Luftfeuchtigkeit

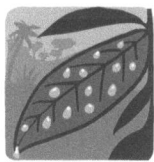

lyn
Blitz

torden
Donner

storm
Sturm

hagl
Hagel

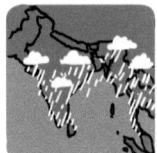

monsun
Monsun

flod
Flut

is
Eis

januar
Januar

februar
Februar

marts
März

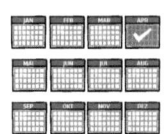

april
April

maj
Mai

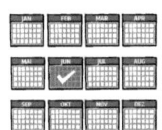

juni
Juni

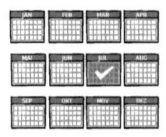

juli
Juli

august
August

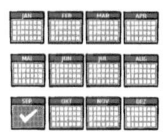

september
....
September

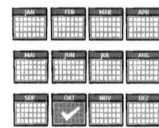

oktober
....
Oktober

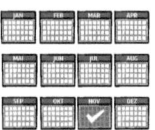

november
....
November

december
....
Dezember

former
Formen

cirkel
....
Kreis

kvadrat
....
Quadrat

firkant
....
Rechteck

trekant
....
Dreieck

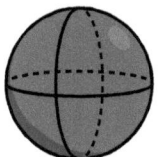

kugle
....
Kugel

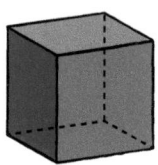

terning
....
Würfel

hvid
....
weiß

gul
....
gelb

orange
....
orange

pink
....
pink

rød
....
rot

lilla
....
lila

blå
....
blau

grøn
....
grün

brun
....
braun

grå
....
grau

sort
....
schwarz

meget / lidt

viel / wenig

rasende / fredelig

wütend / friedlich

smuk / grim

hübsch / hässlich

begyndelse / slut

Anfang / Ende

stor / lille

groß / klein

lys / mørk

hell / dunkel

bror / søster

Bruder / Schwester

ren / snavset

sauber / schmutzig

fuldkommen / ufuldkommen

vollständig / unvollständig

dag / nat

Tag / Nacht

død / levende

tot / lebendig

bred / smal

breit / schmal

spiselig / uspiselig

genießbar / ungenießbar

vred / venlig

böse / freundlich

ophidset / kedet

aufgeregt / gelangweilt

tyk / tynd

dick / dünn

først / sidst

zuerst / zuletzt

ven / fjende

Freund / Feind

fuld / tom

voll / leer

hård / blød

hart / weich

tung / let

schwer / leicht

sult / tørst

Hunger / Durst

syg / rask

krank / gesund

illegal / legal

illegal / legal

intelligent / dum

intelligent / dumm

venstre / højre

links / rechts

nær / fjern

nah / fern

ny / brugt

neu / gebraucht

intet / noget

nichts / etwas

gammel / ung

alt / jung

tændt / slukket

an / aus

åben / lukket

offen / geschlossen

stille / højt

leise / laut

rig / fattig

reich / arm

rigtig / forkert

richtig / falsch

ru / glat

rau / glatt

ked af det / lykkelig

traurig / glücklich

kort / lang

kurz / lang

langsom / hurtig

langsam / schnell

våd / tør

nass / trocken

varm / kold

warm / kühl

krig / fred

Krieg / Frieden

0

nul

null

1

en

eins

2

to

zwei

3

tre

drei

4

fire

vier

5

fem

fünf

6

seks

sechs

7

syv

sieben

8

otte

acht

9

ni

neun

10

ti

zehn

11

elleve

elf

12

tolv

zwölf

13

tretten

dreizehn

14

fjorten

vierzehn

15

femten

fünfzehn

16

seksten

sechzehn

17

sytten

siebzehn

18

atten

achtzehn

19

nitten

neunzehn

20

tyve

zwanzig

100

hundrede

hundert

1.000

tusinde

tausend

1.000.000

million

million

engelsk

Englisch

amerikansk engelsk

Amerikanisches Englisch

kinesisk mandarin

Chinesisch Mandarin

hindi

Hindi

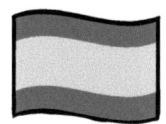

spansk

Spanisch

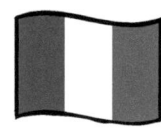

fransk

Französisch

arabisk

Arabisch

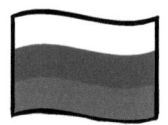

russisk

Russisch

portugisisk

Portugiesisch

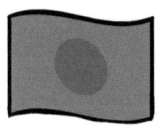

bengalsk

Bengalisch

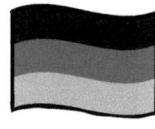

tysk

Deutsch

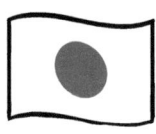

japansk

Japanisch

jeg

ich

du

du

han / hun / den / det

er / sie / es

vi

wir

I

ihr

de

sie

hvem?

wer?

hvad?

was?

hvordan?

wie?

hvor?

wo?

hvornår?

wann?

navn

Name

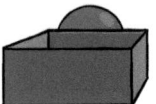

bag
....
hinter

i
....
in

foran
....
vor

over
....
über

på
....
auf

under
....
unter

ved siden af
....
neben

imellem
....
zwischen

sted
....
Ort